LA MUSIQUE EXPLIQUÉE

ou

PRÉPARATION

A L'ÉTUDE ET A L'ENSEIGNEMENT

DE LA MUSIQUE

PAR A.me DURAND1AINÉ

Conseiller honoraire de Préfecture — Officier de l'Instruction publique
Chevalier de la Légion d'honneur — Membre et Président de la Commission d'examen pour les Candidats Instituteurs et Institutrices primaires.

Ouvrage composé pour les Maisons d'éducation et les Écoles primaires.

GRENOBLE
chez
BARATIER FRÈRES ET DARDELET
IMPRIMEURS-LIBRAIRES,
Grand'rue, 1.

PARIS
chez
BOURGUET-CALAS et Cie
SUCCESSEURS DE LA MAISON PÉRISSE
38, rue Saint-Sulpice.

1873

LA MUSIQUE EXPLIQUÉE

ou

PRÉPARATION

A L'ÉTUDE ET A L'ENSEIGNEMENT

DE LA MUSIQUE

PAR A^HE DURANDLAINÉ

Conseiller honoraire de Préfecture — Officier de l'Instruction publique — Chevalier de la Légion d'honneur — Membre et Président de la Commission d'examen pour les Candidats Instituteurs et Institutrices primaires.

Ouvrage composé pour les Maisons d'éducation et les Ecoles primaires.

GRENOBLE	PARIS
chez	chez
BARATIER FRÈRES ET DARDELET	BOURGUET, CALAS ET Cie
IMPRIMEURS-LIBRAIRES,	SUCCESSEURS DE LA MAISON PERISSE
Grand'rue, 4.	38, rue Saint-Sulpice.

1873

500. — GRENOBLE, IMPRIMERIE DE E. DARDELET. — 8411.

PRÉFACE.

A MES LECTEURS.

Ce que l'on appelle *Principes de la Musique*, est en tête de tous les solféges et de toutes les méthodes; on en a même fait quelques petits livres pour les enfants. Il est donc bien hardi celui qui ose en publier une nouvelle édition. Permettez-moi, cher lecteur, de justifier ma hardiesse.

En ma qualité de membre de la Commission d'examen pour l'instruction primaire, j'interroge, depuis *quarante années*, les candidats instituteurs et institutrices, sur la musique, sur cet art enchanteur qui a tant occupé et tant embelli ma jeunesse. Au mois de *mars 1872*, l'un de ces candidats, que j'ai su depuis être professeur de chant dans une grande institution, répondit à mes questions sur les éléments, avec une assurance et une précision qui m'engagèrent à le questionner sur la formation, l'harmonie, le renversement et l'enchaînement des accords. Il essaya de me répondre, dit quelques mots insuffisants et finit par me déclarer que les solféges et les méthodes qu'il avait étudiés, posaient des principes abstraits et absolus sans en donner la raison ; que les traités d'harmonie qu'il avait consultés étaient tellement compliqués et obscurs, qu'il avait renoncé à les pénétrer. »

Je m'étais trouvé dans le même embarras ; aussi, je pris plaisir à lui donner les explications que mon maître Lintant et M. le colonel Falquet de Planta, tous deux si profonds musiciens, m'avaient données, alors que j'aspirais à marcher sur les traces de Haydn et de Mozart. Il m'avait écouté avec une attention entremêlée d'étonnement et de plaisir. — Quel encouragement pour moi et pour mes élèves, s'écria-t-il, si ces explications étaient écrites. » — Elles le seront, répondis-je, emporté par mon désir d'être utile.

Malgré ma faiblesse, je n'ai pas cru pouvoir reculer devant un engagement presque public ; et je me suis mis à l'œuvre, heureux si j'ai réussi à prouver que la musique n'est pas une science obscure, seulement connue de quelques initiés, mais bien un art fondé sur la raison et ayant des règles accessibles à toute personne qui voudra se donner la peine de les étudier.

DURANDLAINÉ.

NOTA. — M. l'abbé Giély, compositeur très-distingué, a bien voulu lire ce travail et me donner des conseils et des encouragements.

INTRODUCTION

A l'Etude de la Musique.

La musique est la poésie des sons comme les vers sont la poésie des idées. Ces deux poésies, nées pour ainsi dire avec le monde, sont deux sœurs inséparables; chacune d'elles à son rythme, ses nombres, ses mesures, ses périodes et ses cadences. Plus elles se rapprochent l'une de l'autre par le ton, la douceur, le pathétique, l'énergie, l'éclat, plus aussi les sensations qu'elles font éprouver, sont vives et profondes. La poésie des idées s'exprime par des mots. La poésie des sons s'exprime par des signes appelés *notes*. Pour bien comprendre la première, il faut savoir la langue du poète et en connaître l'esprit et le génie; pour comprendre la seconde, il faut en connaître les signes, leur but, leur enchaînement et leur signification. Leur but est de plaire à l'oreille, au cœur et à l'esprit; leur enchaînement, c'est la marche harmonique; leur signification, c'est le son qu'ils représentent, c'est-à-dire qu'il est nécessaire qu'une note soit pour l'oreille un son, et qu'un son soit une note pour l'esprit; quand l'oreille et l'esprit ne se soutiennent pas mutuellement, on peut bien juger et retenir un air écrit sous les paroles d'un couplet, mais on ne peut pas juger une symphonie, ni comprendre ni suivre le talent du compositeur. On ne juge souvent de l'air que par les paroles du couplet, mais si le couplet était en Anglais, en Allemand ou toute autre langue inconnue, on serait aussi incapable de juger des paroles que de la musique.

Ah! le célèbre Mozart comprenait aussi bien le latin que la musique! Ayant entendu parler du fameux *Stabat mater* de Pergolèse que cet auteur avait composé pour la Chapelle Papale, d'où ne sortaient jamais les œuvres nouvelles qui y étaient chantées, il se rendit à Rome pour en juger lui-même; électrisé par les savantes et énergiques combinaisons de l'auteur, il se retira dans sa chambre et y resta quarante-huit heures sans boire, ni manger, ni dormir. Le *Stabat* était reproduit tout entier jusque dans ses plus délicates modulations.

SOUVENIRS HISTORIQUES
Sur la Musique.

A son origine, la musique, toute d'inspiration, n'était pas écrite. Orphée, Apollon, Linus, Homère, Tyrtée, ainsi que Moyse et Débora chantaient leurs vers, et la foule, entraînée par la double énergie des paroles et de la musique, les répétait à l'unisson.

Cependant les Hébreux connaissaient un assez grand nombre d'instruments à cordes et à vent : 1° le *Psaltérion*, espèce de harpe en forme de triangle; 2° le *Hasor*, la cithare; 3° le *Kinnor*, la lyre; 4° la *Symphonie*, instrument à dix cordes; 5° la *Sambuque* à trois cordes; 6° le *Minnim*; 7° le *Scophard*, semblable à une corne de bélier; 8° la *Trompette*; 9° la *Flûte*; 10° le *Hugab*, espèce de chalumeau ou flûte à plusieurs tuyaux; 11° le *Tambour*, espèce de tambour de basque ou de timballes. Enfin les Hébreux passaient auprès des nations voisines pour très-habiles musiciens.

Les murs de Jéricho tombèrent aux sons de la trompette. Le jeune David calmait la tristesse et la fureur du roi Saül en jouant de la harpe. La fille de Jephté chantait et dansait au son du tambour, en allant à la rencontre de son père vainqueur des Ammonites.

David devenu roi, après la mort de Saül, créa ou organisa des chœurs nombreux de chanteurs et de musiciens pour augmenter la pompe des cérémonies religieuses. Philon, auteur juif du 1ᵉʳ siècle, dit que les chœurs d'hommes et de femmes, attachés au service du temple de Jérusalem, formaient une harmonie ravissante par le mélange des sons graves et des sons aigus. Enfin l'histoire ancienne nous apprend que les prêtres égyptiens enseignaient la musique à leurs initiés.

De Jérusalem et de l'Egypte, la musique se répandit dans la Grèce. Cecrops, fondateur d'Athènes, et Danaüs, fondateur d'Argos, étaient égyptiens ; ils fuyaient avec un grand nombre de leurs partisans, la colère du grand Sésostris contre lequel ils avaient conspiré pendant sa longue absence d'Egypte (quatorze ou quinze cents ans avant Jésus-Christ).

La musique, surtout la musique instrumentale, fit de tels progrès, que le sistre, la flûte, le théorbe, le luth, la lyre étaient enseignés dans toutes les écoles. Les rois, les orateurs, les poètes, les généraux d'armée cultivaient avec ardeur un art qui animait les guerriers au combat, qui excitait et calmait tour à tour les passions, qui embellissait et égayait les fêtes, les jeux et les festins. C'était à un tel point, que Thémistocle fut regardé comme un homme sans éducation, parce qu'il refusa, dans un banquet, de prendre la lyre qu'on lui présentait.

Au temps d'Alcibiade et de Périclès, on se servait d'une flûte double. L'une appelée *Sinistra*, était tenue dans la main gauche et jouait le *dessus*; l'autre appelée *Dextra*, était tenue dans la main droite et jouait le *dessous*. La lyre l'emporta sur la flûte. Elle n'avait dans le principe, que trois cordes, on lui en donna cinq, ensuite sept ; enfin s'il faut ajouter foi à une statue d'Apollon trouvée à Herculanum, elle en eut neuf. Mais il paraît que ce ne fut qu'une fantaisie de sculpteur, car, Pindare et Horace ne lui en donnent que sept. Il n'en fut pas de même ailleurs : Ptolémée, roi d'Egypte et père de la fameuse Cléopâtre, fut surnommé *Aulétès* à cause de son habileté à jouer de la flûte. L'empereur Néron jouait du même instrument sur les théâtres de Rome, et était plus fier des applaudissements qu'il obtenait du peuple, que des victoires de Corbulon sur les Arméniens.

Ces progrès n'avaient d'autre avantage que de plaire à l'oreille. La musique n'étant pas écrite, on ne pouvait songer qu'au perfectionnement des voix et des instruments. L'irruption des barbares du Nord vint tout arrêter. Un voile d'ignorance et de grossièreté se répandit sur la Grèce, l'Italie, la Gaule et l'Espagne. Les peuples ne firent entendre que des plaintes et des gémissements. Ce fut pendant le siége de Milan, que saint Ambroise, évêque de cette ville, réunissait, dans son église les femmes et les vieillards et leur apprenait à chanter des prières au Seigneur. Les barbares chantaient aussi, tant la musique est dans l'instinct de l'homme ; ils hurlaient les chants guerriers de leur ancien roi ou héros Oddin dont ils avaient fait un dieu, comme les Grecs avaient fait d'Apollon. Selon Diodore de Sicile, les barbares du Nord se servaient de la lyre.

Les Lombards s'étaient fixés en Italie, et se laissaient toucher par les vérités évangéliques ; la musique reprit son empire. Le pape saint Grégoire Ier, surnommé le Grand (vers la fin du VIe siècle), réforma le chant usité dans les cérémonies religieuses et lui donna des règles. Il fonda à Rome une école de chant où furent admis un grand nombre de jeunes gens des familles les plus distinguées.

Le moine saint Augustin, en partant pour l'Angleterre, emmena des élèves de cette école. Ces Italiens s'arrêtèrent longtemps dans les Gaules pour y enseigner le *chant Grégorien, appelé depuis Plain-chant.*

Par sa gravité et son énergie, ce chant convenait sans doute aux proses, aux hymnes de l'Eglise, mais ses principes étaient encore si obscurs, qu'il resta plusieurs siècles la science exclusive des clercs.

Il était divisé en phrases appelées *neumes* ; plusieurs *neumes* formaient un *jubilus*. Ces *neumes* étaient représentés par des groupes de points si peu apparents ou distincts les uns des autres, qu'ils étaient fréquemment confondus par les chanteurs. On les appelait *signes neumatiques*. On en comptait sept principaux : *le podertus, le clivis, l'epiphonus, le céphalicus, le torculus, le pressus, le quilisma*. Chacun de ces principaux signes était subdivisé en plusieurs autres signes : *le scandicus*, *le climacus*, etc., etc. Il fallait des maîtres bien habiles et des élèves bien doués du sentiment musical pour former des chœurs capables d'enthousiasmer la multitude des fidèles (1).

Cependant, la musique préoccupait toujours les lettrés et les savants. Je trouve dans le grand dictionnaire français de Laveaux, qu'un musicien nommé Ptolomée, inventa un instrument pour déterminer les intervalles harmoniques ; il l'appela *Canon*, mot qui veut dire règle, mesure. Il écrivit un livre pour expliquer la manière de s'en servir et donner les règles de ce qu'on a appelé depuis, le *contre-point*.

Il était réservé à un moine italien, du IIe siècle, Guy Arétin, de la ville d'Arezzo en Toscane, de couronner tous ces efforts par l'invention de sept points simples, variés et très-distincts, qu'il plaça sous, sur, entre et au-dessus d'un groupe de cinq lignes horizontales, appelées portée. Il donna à chacun de ces points ou *notes*, une forme bien tranchée et un nom aussi simple que facile à prononcer ; ce nom n'était autre que la première syllabe de chacun des vers de l'une des strophes de l'hymne à saint Jean-Baptiste :

Ut queant laxis
*Re*sonare febris
*Mi*ra gestarum
*Fa*muli tuorum
*Sol*ve polluti
*La*bii reatum
Sancte Joannes.

---

(1) La commission Remo-Cambrésienne, dit M. l'abbé Caron, dans sa Méthode, a donné au *plain-chant* de si justes et de si harmonieuses proportions, que l'on regrettera peut-être qu'il ne soit pas assujetti à la mesure rigoureuse de la musique moderne.

Malgré l'opinion contraire de Mgr Parésin, évêque d'Arras, et celle de Mgr. l'évêque de Blois, qui pense « *qu'on n'a cherché qu'à édifier et non à plaire*, » je partage le regret de M. l'abbé Caron. On a tant fait pour les yeux dans nos Eglises, qu'il serait bien temps qu'on y fît quelque chose pour les oreilles. — Non pas que je veuille supprimer le plain-chant ; il doit rester ce qu'il est pour les psaumes, les antiennes, les répons, et tout ce qui est en prose ; mais les hymnes en vers pourraient être mises en musique moderne sans porter aucune atteinte à la gravité, à la dignité du chant ecclésiastique.

Il changea cette syllabe San en Si.

S, première lettre de *Sancte* } Si.
I, première lettre de *Joannes* }

Il démontra la théorie de ces sept notes, leur valeur ou durée, leurs intervalles, leur succession, leur enchaînement, etc., dans un traité de musique qu'il publia sous le titre de *Micrologues*.

La gamme, ou échelle des sons harmoniques, était enfin trouvée.

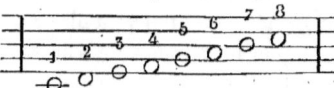

Ut ré mi fa sol la si ut — répétition de la première ou octave.

Le premier pas était fait dans la véritable science de la musique, et ce pas était décisif, car il ne s'agissait plus que d'avancer dans la voie que Guy d'Arezzo avait ouverte. C'est ce qu'ont fait plusieurs savants musiciens, parmi lesquels brillent Vinci, Rameau, Grétry, Reika, Mozart, Haydn, Beethoven et une foule d'auteurs plus modernes.

GRAMMAIRE MUSICALE.

PREMIÈRE PARTIE.

CHAPITRE I.
Des Notes, de leur forme et de leur valeur.

Les notes : *ut*, *ré*, *mi*, *fa*, *sol*, *la*, *si*, furent divisées en sept catégories propres à exprimer les divers mouvements de la pensée : ronde, blanche, noire, croche, double croche, triple croche, quadruple croche.

Chacune de ces catégories eut une forme particulière, assez simple pour être facilement et promptement écrite, assez marquée pour être aisément reconnue.

La ronde est un *O* vide, sans queue......................... O

La blanche, un *O* vide, avec queue....................... ♩

La noire, un *O* plein, avec queue........................ ♩

La croche, un *O* plein, avec queue et un crochet.......... ♪

La double croche, un *O* plein, avec queue et deux crochets....

La triple croche, un *O* plein, avec queue et trois crochets......

La quadruple croche, un *O* plein, avec queue et quatre crochets.

On leur donna une durée décroissante par moitié.
Ainsi la ronde eut une durée de quatre secondes ;
— la blanche, une durée de deux secondes ;
— la noire, une durée d'une seconde ;

Ainsi la croche, une durée d'une demi-seconde;
— la double croche, une durée d'un quart de seconde;
— la triple croche, une durée d'un huitième de seconde;
— la quadruple croche, une durée d'un seizième de seconde.

Pour plus de brièveté dans l'expression, et peut-être aussi parce que la durée de la ronde peut varier, selon la rapidité donnée au mouvement du morceau, on a traduit la durée en valeur. Ainsi on dit :

La ronde vaut deux blanches,
La blanche vaut deux noires,
La noire vaut deux croches,
La croche vaut deux doubles croches,
La double croche vaut deux triples croches,
La triple croche vaut deux quadruples croches.

En d'autres termes, la ronde vaut 2 blanches, 4 noires, 8 croches, 16 doubles croches, 32 triples croches, 64 quadruples croches. — (Fig. 3.)

Selon le rythme ou la mesure adoptée pour la composition d'une pensée musicale, on a senti le besoin d'augmenter une note de la moitié de sa valeur. On pouvait l'indiquer en la faisant suivre d'une note semblable immédiatement inférieure en durée, et les liant par un demi-cercle placé au-dessus. Mais c'était trop long à écrire et trop confus quand cette augmentation de durée ou de valeur revenait souvent, comme dans la mesure 6/8. — On remplaça la double note par un point.

TABLEAU DE LA VALEUR DES NOTES (*)

Ronde   o   Unité.

Blanche   𝅗𝅥   moitié   𝅗𝅥   de l'unité.

Noire   ♩   Quart   ♩   de l'unité.

Croche   ♪ ♪   Huitième   ♫   de l'unité.

Double Croche   ♬ ♬   Seizième   ♬ ♬   de l'unité.

Triple croche   Trente-deuxième   de l'unité.

Quadruple Croche   Soixante-quatrième   de l'unité.

(*) Que j'emprunte aux *Éléments de la Musique*, par LEMOINE.

CHAPITRE II.

Des Mesures et des Chiffres qui en indiquent la nature.

La poésie des idées, en d'autres termes, les paroles que l'on veut faire chanter, ont un rythme, un nombre, une cadence, une mesure, etc. La musique, qui devait leur donner de la vie, du sentiment, a dû avoir la même règle. Elle fut divisée en mesures ayant le même nombre de temps, comme les vers d'une cantate, d'une hymne, d'une chanson quelconque, ont le même nombre de pieds.

Ces poésies expriment des sentiments divers : la pitié, le dévouement, la passion, la gaîté, l'héroïsme, l'adoration. Les poètes ont choisi le rythme le plus convenable aux sentiments qu'ils voulaient peindre. De là des vers de 12, de 10, de 8, de 7, de 6, et même de 5 pieds, etc. La musique a dû employer le même procédé.

Elle a divisé son chant en mesures, c'est-à-dire en intervalles parfaitement égaux en durée. On indique ces intervalles ou mesures par un trait perpendiculaire, qui coupe la portée du haut en bas et qu'on nomme bâton de mesure.

D'autre part, le chant, par son allure et son expression, doit être en harmonie rigoureuse avec les paroles. Il a donc fallu des mesures de plusieurs sortes, divisées en 2, 3 ou 4 temps égaux, pour en marquer rigoureusement la cadence.

Ces mesures et ces temps sont indiqués en tête du morceau :

(MESURES SIMPLES.)

Par un C, pour la mesure à 4 temps ;
Par le chiffre 4, pour la mesure à 4 temps.
Par les chiffres 2/4, pour la mesure à 2 temps.
Par les chiffres 3/4, pour la mesure à 3 temps.

(MESURES COMPOSÉES.)

6/4, 6/8 ou 12/8, pour les mesures à 2 temps;

3/8, 9/16, pour les mesures à 3 temps.

Ces chiffres sont une fraction. Le chiffre supérieur est le numérateur, qui indique le nombre des parties de l'unité (qui est la ronde), nécessaires pour former la mesure. Le chiffre inférieur est le dénominateur de ces parties, c'est-à-dire qui désigne les parties.

Les mesures se divisent en autant de temps ou de parties égales que le numérateur indique; ainsi 2/4 indique que la mesure se compose de 2 fois la quatrième partie de la ronde, qui est la noire, et qu'elle est divisée en deux temps. 3/4 signifie que la mesure se compose de 3 fois la quatrième partie de la ronde, ou 3 noires, et qu'elle est divisée en trois temps. 6/8, qu'elle se compose de 6 fois la huitième partie de la ronde, qui est la croche, et qu'elle est divisée en deux temps, etc.

C 4 temps	2, 2/4, 6/8 2 temps	12/8 4 temps	3/8, 3/4, 3 3 temps

Règle générale : lorsque le numérateur est pair, la mesure est à 4 temps ou à 2 temps. Lorsqu'il est impair, la mesure est à 3 temps.

Les temps de chaque mesure doivent être d'une durée rigoureusement égale. Sans cette égalité, le chanteur ou le virtuose qui exécute seul, fatigue l'oreille des auditeurs; si c'est un morceau exécuté par plusieurs voix ou plusieurs instruments, l'ensemble est rompu. De là, la nécessité de bien marquer les temps, ou comme l'on dit, de battre la mesure.

Pour les mesures à 2 temps, le 1er temps est frappé sur le pupitre, le 2e en élevant la main.

Pour la mesure à 4 temps, le 1er temps est frappé sur le pupitre, le 2e temps à gauche, le 3e temps à droite, le 4e temps en élevant la main. Le 1er temps et le 3e temps sont appelés *forts* parce qu'ils partagent la mesure en deux parties égales. On les accuse plus nettement, plus énergiquement que les deux autres qu'on appelle *faibles*.

Dans la mesure à 2 temps, le 1er est fort, le 2e est faible.

Dans la mesure à 3 temps, le 1ᵉʳ est fort, on le bat sur le pupitre; le 2ᵉ est faible, on le bat à droite; le 3ᵉ est fort, on l'indique énergiquement en élevant la main. La raison de cette énergie est que les mouvements à 3 temps étant tous légers, gais, sautillants, il a paru nécessaire d'indiquer avec netteté le temps qui précède la chute de l'idée ou du pas de danse.

CHAPITRE III.

Des Silences.

La musique a, comme la poésie, des phrases, des membres de phrases, des propositions, des demandes et des réponses, des moments d'extase, enfin elle a des interlocuteurs. Il a donc fallu lui donner, ses points, ses virgules, ses *tacet* et jusqu'à ses points d'admiration. On a inventé des signes appelés silences.

Ces silences sont au nombre de sept : la pause, la demi-pause, le soupir, le demi-soupir, le quart de soupir, le huitième de soupir, le seizième de soupir. Chacun de ces silences a une durée correspondante à la valeur de la note qu'il représente.

De plus, on lui a donné un *tacet* ou silence général, appelé *point d'orgue* ⌢ pour laisser au chanteur ou au virtuose le loisir d'exécuter seul un caprice qui doit exciter l'admiration des auditeurs. C'est ce qu'on a appelé *solo!*

CHAPITRE IV.

Des Clefs et des Lignes supplémentaires.

Dès l'instant qu'on a voulu faire exécuter un chant ou un morceau de musique, par plusieurs voix ou par plusieurs instruments, on a reconnu l'insuffisance de la portée de cinq lignes. En effet, il fallait que ces voix et ces instruments fissent entendre des sons très-élevés appelés *soprani* et *ténors*, des sons intermédiaires appelés *medium*, *baryton* pour les hommes, *contralto* pour les femmes; des sons très-bas appelés taille-basse et contre-basse. On a d'abord inventé des lignes supplémentaires que l'on place sous chaque note élevée, au-dessus de la portée; et au-dessus de chaque note basse, en dessous de la portée.

Mais, si ces lignes supplémentaires pouvaient suffire aux chanteurs, il n'en était pas de même pour les instruments. D'ailleurs, elles avaient l'inconvénient de mettre la portée à nu dans un grand nombre de phrases; d'exiger un grand écartement des portées; de ne pas frapper assez promptement les yeux de l'exécutant, etc. On inventa des signes appelés clefs, qui, en changeant le nom des notes, les ramenaient en très-grande partie dans la portée principale.

Ces clefs sont au nombre de trois: clef de *sol*, placée sur la 2e ligne; clef d'*ut* placée sur la 3ᵉ ligne; clef de *fa* placée sur la 4ᵃ ligne.

Chacune de ces clefs donne son nom à la note placée sur la même ligne qu'elle; et toutes les notes qui suivent, en montant ou en descendant, subissent le même changement, en conservant toutefois l'ordre qui leur a été donné dans la gamme ou échelle principe.

Elle est quelquefois placée sur la 1ʳᵉ ligne.

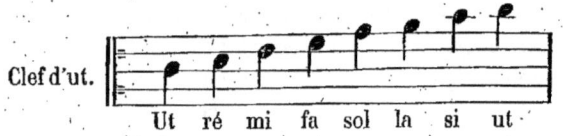

Elle est quelquefois placée sur la 1ʳᵉ et la 2ᵉ ligne.

Elle est quelquefois placée sur la 3ᵉ ligne.

CHAPITRE V.

Des Gammes majeures et mineures, du Dièse, du Bémol et du Bécarre.

Tous les solféges que j'ai lus, disent que les dièses se placent de quinte en quinte en montant; que les bémols se placent de quarte en quarte en montant, ou de quinte en quinte en descendant. Ils ajoutent que le dièse ♯ sert à augmenter la note d'un demi-ton; que le bémol ♭ sert à baisser la note d'un demi-ton; que le bécarre ♮ sert à remettre la note dans son état naturel; enfin que ces signes sont des accidents.

C'est simple, mais ce n'est exact que pour les *amateurs* qui ne chercheront jamais à en savoir davantage, et qui croiront toute leur vie, que la musique, loin d'être une science, n'est qu'un jeu de l'oreille. Mais pour un amateur digne de ce nom, pour un instituteur qui aura peut-être des élèves doués d'une voix pleine et sonore et d'un rare instinct musical, il faut autre chose que des mots vides de sens.

Je vais prendre bien haut l'histoire des dièses et des bémols, car ils sont nés avec la musique écrite, et leur invention est la base de l'harmonie, tout autant que de la mélodie.

La première gamme, avons-nous dit, fut composée des sept notes *ut, ré, mi, fa, sol, la, si*, plus une huitième qui n'est que la répétition de la première à une octave plus élevée. Ces huit notes furent séparées par des intervalles qu'une pratique de plusieurs siècles avait fait découvrir, et que l'oreille des plus habiles musiciens a confirmés.

On appelle ces intervalles, *ton* ou *demi-ton*, selon la distance harmonique d'une note à la note qui la suit immédiatement.

Ces tons et ces demi-tons furent ainsi répartis dans la première gamme qui fut composée : de la 1re note à la 2e, un ton; de la 2e à la 3e, un ton; de la 3e à la 4e, un demi-ton; de la 4e à la 5e, un ton; de la 5e à la 6e, un ton; de la 6e à la 7e, un ton; de la 7e à la 8e, un demi-ton. On eut donc la gamme suivante :

En *ut*.  Gamme principe, 5 tons et 2 demi-tons.

La 1re *ut* reçut le nom de *tonique*, parce qu'elle nomme la gamme et par suite le ton dans lequel la gamme est composée. La 3e est appelée *tierce*, la 4e *quarte*, la 5e *quinte*, la 7e *sensible*, parce qu'elle appelle ou fait pressentir la 8e qui est l'*octave* ou la répétition de la première.

Quand on eut chanté ou modulé quelque temps sur cette gamme, ou dans ce ton d'*ut*, gamme ou ton que j'appellerai *principe*, on pensa avec raison que l'oreille serait satisfaite d'entendre des chants ou des modulations basées sur une autre tonique. Cette nouvelle tonique fut-elle *ré, mi, fa* ou *sol*? je ne sais; mais certainement, il y eut des tâtonnements, des essais. Supposons que ce fut *sol*, quinte de *ut*. On prit donc *sol* pour *tonique* ou pour base de cette nouvelle gamme à laquelle on donna les mêmes intervalles qu'avait reçus la première, celle de *ut*.

Mais le *fa* n'était qu'à un demi-ton de *mi*; il fallut l'éloigner de *mi* et le rapprocher de *sol*, afin qu'il devînt note *sensible* de la nouvelle *tonique*. On inventa le signe ♯ qu'on appela *dièse*. On voit déjà que ce dièse n'est pas un accident : car il est le résultat obligé de la gamme qui a *sol* pour tonique.

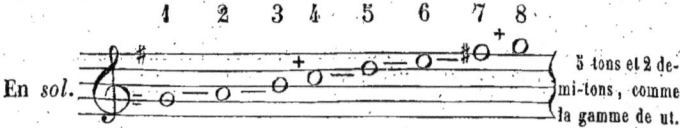

En *sol*. — 5 tons et 2 demi-tons, comme la gamme de ut.

Cette nouvelle gamme de *sol* pour tonique et *fa* ♯ pour sensible, ayant rempli le but qu'on s'était proposé, on partit de la quinte de *sol* qui est *ré*, et l'on fit une nouvelle gamme ayant *ré* pour *tonique*. Et pour lui donner les mêmes intervalles, on fut obligé de conserver le *fa* dièse et de diéser *ut* pour qu'il devînt sensible de *ré*.

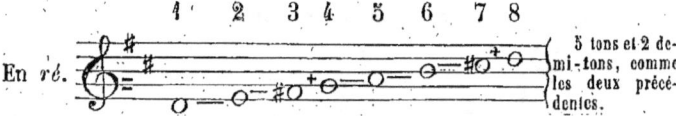

En *ré*. — 5 tons et 2 demi-tons, comme les deux précédentes.

C'est ainsi que procédant de quinte en quinte, en montant, on trouva six gammes semblables à la gamme de *ut* et que l'on fût obligé de diéser le *sol* devenu sensible de *la*, le *ré* sensible de *mi*, le *la* sensible de *si*, etc. — Voir le tableau ci-contre.

Ces gammes étaient toutes dans des tons brillants et satisfaisaient l'oreille pour les chants de joie, de guerre et de victoire; l'on chercha des tons plus doux, pour exprimer la tristesse, la pitié, la douleur. On y réussit en procédant d'une manière inverse.

On était allé de quinte en quinte en montant; on alla de quinte en quinte en descendant *(ou de quarte en quarte en montant, ce qui revient au même)*. En montant, il avait fallu élever successivement la note sensible d'un demi-ton; en descendant, il fallut baisser la quatrième note de la nouvelle gamme d'un demi-ton. — La quinte en descendant de l'octave *ut*, de la gamme principe, est *fa* qui est aussi la quarte de la tonique *ut*, en montant. *Fa* devint donc la tonique de cette nouvelle gamme. Alors pour conserver les intervalles de la gamme principe, il fallut abaisser la quatrième note qui est *si*, d'un demi-ton. On eut donc la gamme suivante :

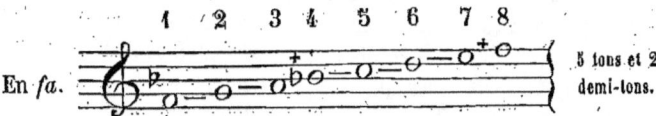

En *fa*. — 5 tons et 2 demi-tons.

La quarte de *fa* en montant, est *si* qui est aussi la quinte de l'octave *fa* en descendant; *si* devint donc la *tonique* de cette nouvelle gamme. Alors, et pour se conformer toujours aux intervalles de la gamme principe, il fallut abaisser la quatrième note *mi* d'un demiton. On eut donc la gamme suivante avec deux bémols : *si* et *mi*.

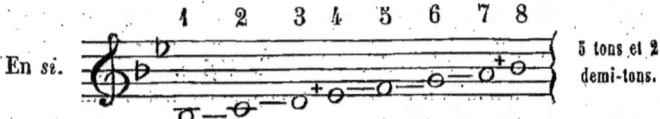

En *si*. — 5 tons et 2 demi-tons.

Vous conviendrez avec moi, que les bémols ne sont pas plus des accidents que les dièses, puisqu'ils sont exigés pour se conformer à la gamme principe. Je dirai plus loin quand et comment ils deviennent accidentels.

En procédant toujours de quinte en quinte en descendant, et en bémolisant certaines notes, on avait formé six nouvelles gammes semblables à la gamme principe *ut*. On fit de nouvelles recherches pour que la musique fût à la hauteur de la poésie.

L'esprit est souvent charmé, surpris par des pensées, des épisodes, des événements imprévus dont le poète orne ses chants ou ses récits. L'oreille voulut avoir les mêmes effets et les mêmes émotions ; les gammes *mineures-relatives* furent trouvées.

On leur a donné le nom de *mineures*, parce que de leur note tonique à la tierce, elles n'ont qu'un ton et un demi-ton, tandis que les gammes majeures ont deux tons pleins, de leur tonique à la tierce.

On leur a donné le nom de *relatives*, attendu qu'elles ont une relation directe avec la gamme majeure dont elles empruntent les notes et dont elles conservent les dièses ou les bémols.

Les gammes *mineures-relatives* ont une note sensible comme les gammes majeures. Cette note sensible est élevée d'un demi-ton, tantôt par un dièse, tantôt par un bécarre, mais ce dièse et ce bécarre ne sont que des accidents ; ils cessent d'avoir leur effet sur la note quand elle n'est pas immédiatement suivie de la tonique. — C'est ce dièse ou ce bécarre accidentel qui a fait dire que, la gamme mineure ayant *quatre tons* et *trois demi-tons*, était moins étendue d'un demi-ton que la gamme majeure, qui a cinq tons et deux demi-tons. On ne faisait pas attention qu'en diésant ou bécarrisant accidentellement la sensible, on augmente d'un demi-ton l'intervalle qui sépare la 6ᵉ note de la 7ᵉ, ce qui laisse à la gamme mineure 12 intervalles de demi-tons comme aux gammes majeures. La tonique de toutes les gammes *mineures* est prise une *tierce* en-dessous de la tonique de la gamme majeure dont elle dérive.

Ainsi, la gamme mineure relative de la gamme majeure en *ut*, a pour tonique *la*. Elle sera donc composée de *la*, *si*, *ut*, *ré*, *mi*, *fa*, *sol*, *la*. L'ordre des notes indiqué par Guy d'Arezzo n'est jamais renversé. Leur origine me fait un devoir de conserver à *ut* son nom générique. Quoi qu'en ait dit Rossini, *do* n'est pas français ; c'est le maestro Doni qui lui a donné la première syllabe de son nom, sous le prétexte que *ut* n'est pas assez sonore.

Vous aurez donc, de *la* à *si* un ton ; de *si* à *ut* un demi-ton, tierce mineure ; de *ut* à *ré* un ton ; de *ré* à *mi* un ton ; de *mi* à *fa* un demi-ton ; de *fa* à *sol* un ton, mais vous élevez le *sol* accidentellement d'un demi-ton en le diésant, pour le rendre sensible de *la*, tonique du ton.

D'après le même principe, la gamme mineure-relative de la gamme majeure en *sol*, aura *mi* pour tonique, et se composera de *mi, fa* ♯*, sol, la, si, ut, ré, mi*. Le *ré* sera accidentellement diésé pour devenir sensible du *mi* qui le suivra immédiatement (voir le tableau ci-contre).

Mais comment ces gammes mineures-relatives peuvent-elles produire des effets et des émotions inattendus? Si elles ont ce privilége, il faut abandonner les gammes majeures, et ne moduler que sur ces gammes mineures privilégiées. Voici ma réponse :

Si un chant, une mélodie plus ou moins longue était tout entière et uniquement modulée sur une gamme mineure, ce chant ou cette mélodie ne produirait pas plus des effets inattendus, que si elle était modulée sur une gamme majeure. Mais si, après avoir modulé pendant 8, 12, 16, 24 ou 32 mesures (1) sans ou avec une gamme majeure, vous passez par une combinaison savante des accords et des sons, dans sa gamme mineure-relative, vous produisez sur l'oreille l'effet inattendu dont nous parlons.

Avant de vous expliquer les principes de l'harmonie, disons ce qu'on entend par ces mots *ton*, *mode* qui reviennent si souvent dans le langage musical.

Le mot *ton* exprime le nombre de dièses ou de bémols qui sont à la clef, et ne s'applique qu'au seul morceau qu'on veut désigner. On dit : tel air, telle symphonie est dans le ton de *ut*, de *sol*, de *ré*, etc., majeur ou mineur.

Le mot *mode* signifie manière et s'applique à un genre, à une espèce. On dit mode majeur pour désigner en général les gammes majeures. On dit mode mineur pour désigner les gammes mineures. Un auteur aime à moduler dans les modes mineurs. Tel autre, au contraire, préfère les modes majeurs, etc.

---

(1) Toutes les pensées ou phrases musicales doivent être carrées, c'est-à-dire en nombre pair.

DEUXIÈME PARTIE.

HARMONIE.

CHAPITRE Ier.

Harmonie, dans son acception grammaticale, veut dire suite, liaison, enchaînement, accord. En musique, elle est la science des accords, ou l'art de grouper des sons agréables à l'oreille et de les faire succéder les uns aux autres, selon les lois de la modulation.

Modulation est l'art de conduire le chant ou la mélodie, et l'harmonie successivement, dans plusieurs modes ou dans plusieurs tons, de manière à surprendre agréablement l'oreille. Les modulations peuvent être douces, pathétiques, énergiques, éclatantes, selon le sentiment que le compositeur veut exprimer.

Mélodie, succession de plusieurs sons divisés en mesures égales et formant un chant.

Contre-points ou contre-notes appelées points dans l'ancienne musique. Contre-point est à peu près synonyme de composition, si ce n'est que composition peut se dire d'un chant à une seule partie, et que contre-point ne se dit que des parties d'accompagnement formant un tout harmonique avec le chant. Le contre-point est *simple* quand il est note sur note; il est *composé* quand il forme différentes figures, des dessins, des fugues, des imitations, etc. Les quatuors de Haydn sont un modèle parfait en ce genre : la basse ou l'alto répète ou imite le chant du premier violon, y répond souvent et s'en moque quelquefois. Je n'ai bien compris l'immense talent de cet auteur qu'en entendant ses quatuors joués par Baillot et les frères Boherer.

Canon, canna en italien, veut dire roseau long et creux. C'est le nom que Ptolémée donna à l'instrument qu'il inventa pour déterminer les intervalles harmoniques; Kanon en grec, veut dire règle, mesure.

On a ensuite donné le nom de *canon* à un chant de 4, 6 ou 8 mesures dont la seconde est ou peut être l'accompagnement harmonique de la première; la troisième de la seconde; la quatrième de la troisième, etc.

Le soprano chante la mélodie et la recommence jusqu'à ce qu'il juge convenable de s'arrêter sur l'accord qui la termine.

Le contralto commence la première mesure quand le soprano commence la deuxième.

Le ténor commence la première lorsque le contralto commence la deuxième et le soprano la troisième.

La basse commence à son tour la première quand le soprano fait entendre la quatrième, etc. Il en résulte un accord parfait de quatre notes, ou sons, qui flatte agréablement l'oreille.

Si j'eusse été professeur d'harmonie, j'aurais donné à mes élèves, une fois par semaine, une courte mélodie à mettre en canon. Ce travail pénible, j'en conviens, est à l'étude de l'harmonie ce que les vers latins qu'on nous faisait faire en troisième et en seconde, sont à l'étude de la langue latine.

Fugue, ce mot vient du mot latin *fuga* qui veut dire *fuite*. C'est un chant répété alternativement et successivement, comme celui du canon et selon certaines règles particulières qui distinguent la fugue de l'imitation. Il y a des fugues perpétuelles qui sont de véritables *canons*, des doubles fugues, des contre-fugues ou fugues renversées.

CHAPITRE II.

Des Accords.

La flûte double inventée par les Grecs, les cordes qu'ils avaient ajoutées à la lyre, les divers instruments dont se servaient les Hébreux, les chœurs d'hommes et de femmes qu'ils avaient formés, prouvent qu'ils avaient compris la nécessité de mêler des sons graves aux sons aigus, afin de donner plus d'ampleur et plus de majesté à leurs chants. Ils marièrent bientôt ces diverses voix et ces divers instruments, de manière à obtenir des accords agréables à l'oreille.

Le tétracorde des Grecs (lyre à quatre cordes) n'avait probablement d'autre but que de réunir quatre sons formant un accord. Mais la science de la musique n'étant pas soumise à des règles écrites, leurs progrès restaient isolés. Toutefois, il paraît que ces progrès ont été transmis de l'Egypte dans la Grèce et de la Grèce en Italie.

Aujourd'hui que la musique est écrite, que le génie de Guy d'Arézo en a posé les principes dans son *Micrologus*, que Vinci a expliqué la période musicale, que Rameau, Grétry et d'autres habiles musiciens des XVIIe, XVIIIe et XIXe siècles nous ont donné les principes de l'harmonie, la science musicale vole, se répand en tous lieux, et bientôt, comme autrefois dans la Grèce, il sera honteux pour un jeune homme de ne pas la savoir.

Comment en serait-il autrement ? Sans parler de nos grands compositeurs de Paris dont la réputation est universelle, M. Rolland à Grenoble, M. Dalmais à Voiron, et surtout M. l'abbé Giély à Valence, sont les émules des Herman et des Lambillotte ; leurs chants sont répétés dans nos Eglises et nos maisons d'éducation, à la grande satisfaction des auditeurs. MM. Duprey et Favier de Grenoble sont des professeurs du premier mérite. Des sociétés philharmoniques, des orphéons, des fanfares suscités par eux, s'organisent partout, jusque dans nos petites communes rurales. Dans peu, sous le rapport musical, nous n'aurons rien à envier à l'Italie et à l'Allemagne, si même nous ne les surpassons pas.

Il y a donc trois accords principaux :

L'accord *parfait ou de tonique.*
L'accord de *septième de dominante ou de quinte.*
L'accord de *septième diminuée ou de sensible.*

L'accord parfait a pour note fondamentale, c'est-à-dire pour base, la *tonique* du ton dans lequel on module ; on y ajoute *la tierce*, *la quinte* et *l'octave* de cette tonique. Ainsi dans le ton de *ut* majeur, il est composé des quatre notes *ut, mi, sol, ut*. On l'a appelé *parfait*, parce qu'il satisfait complétement l'oreille, parce qu'il annonce le ton du chant ou de la mélodie, parce qu'il parfait ou termine tous les morceaux de musique.

L'accord de septième de dominante a pour note fondamentale, la *dominante*, c'est-à-dire la *quinte* de l'accord parfait. Dans le ton de *ut* majeur, la quinte est *sol*. On y ajoute trois autres notes à une tierce d'intervalle l'une de l'autre. Il est donc composé de *sol, si, ré, fa.*

On lui a donné le nom de *septième*, parce qu'il n'y a que sept intervalles de *sol* à *fa* en montant, et celui de *dominante*, parce qu'il est basé sur la note dominante ou plus élevée de l'accord parfait.

Pour peu qu'on y réfléchisse, on voit l'utilité de cet accord de septième de dominante pour varier les modulations d'une mélodie.

Je suppose que vous ayez chanté pendant plusieurs mesures, sur l'accord parfait *ut, mi, sol, ut* 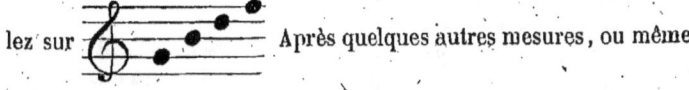 (1), vous modulez sur Après quelques autres mesures, ou même

---

(1) Tous ces exemples sont écrits sur la clef de *sol.*

une seule, vous faites *fa* dièse et vous entrez naturellement, sans blesser l'oreille, dans le ton de *sol* majeur. Vous pouvez moduler à votre aise dans ce nouveau ton, en commençant par l'accord

parfait. 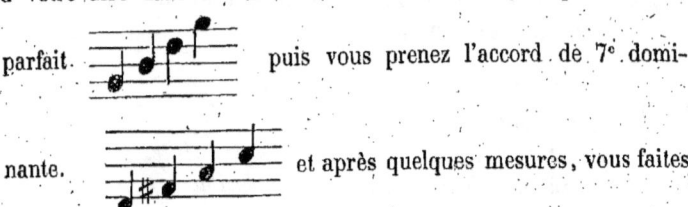 puis vous prenez l'accord de 7ᵉ dominante. et après quelques mesures, vous faites

entendre *ut* dièse, et vous voilà dans le ton de *ré* majeur.

Comment en sortir et revenir au ton de *ut* majeur annoncé dès le début du chant ou de la symphonie? Rien de plus simple. Revenez à l'*ut* naturel par l'accord de 7ᵉ dominante du ton de

sol

puis l'accord de 7ᵉ dominante de *ut*

Vous voilà revenu en *ut* majeur.

Accord de Septième diminuée ou de Sensible.

Bientôt on alla plus loin : car il fallait trouver un accord qui facilitât le passage dans les tons mineurs, dans les gammes bémolisées, ainsi que le fait l'accord de *septième dominante* pour les tons majeurs et les gammes diésées.

On trouva cet accord en partant de la sensible, et le composant, comme l'accord de 7ᵉ dominante, de quatre notes à une tierce d'intervalle l'une de l'autre en montant. Prenons toujours le ton de *ut* majeur pour type. La sensible de *ut* est *si* naturel. Vous avez donc *si*, *ré*, *fa*, *la*  On a bémolisé le *la* pour préparer le passage dans le ton de *mi* bémol majeur ou de *la* bémol majeur, ou bien pour revenir au ton de *ut* majeur par le *si* naturel.

Pour aller en *mi* bémol majeur, vous prenez l'accord de 7e dominante de *mi* bémol, et vous avez

Pour aller en *la* bémol majeur, vous prenez l'accord parfait de ce ton.  Vous modulez dans cet accord, et vous revenez (si cela vous plaît) par  dans le ton de *ut* majeur avec *si* naturel.

Ou bien vous passez en *ut* mineur, ton relatif de *mi* bémol majeur, en conservant le *mi* bémol, etc.

L'oreille et le sentiment de tristesse ou de gaîté que l'on veut exprimer, guident le compositeur à cet égard. Cependant il y a des règles sur l'enchaînement des accords qu'on fera bien d'étudier dans les sonates et les quintetti de Beethoven, les quatuors de Haydn et de Mozart (1).

Des Accords de simple Septième.

Outre les accords que j'ai essayé de vous démontrer il y en a une foule d'autres, car la réunion de trois ou quatre notes frappées simul-

---

(1) C'est dans ces œuvres classiques, tout aussi bien et peut-être mieux que dans les *traités de fugue et de contre-point*, que vous trouverez les principes de l'enchaînement des accords.

tanément, forment un accord, pourvu que ces notes soient à une tierce d'intervalle l'une de l'autre.

On les appelle de *simple septième*, non-seulement pour les distinguer des trois principaux, mais encore parce qu'ils n'ont aucun des caractères qui indiquent un changement de ton ou de sentiment. Ils ne sont que des accords intermédiaires ou de passage, pour varier une mélodie ou pour faire ressortir le talent du compositeur, du virtuose ou du chanteur. Il en est de même des notes de passage (voir le tableau des accords).

CHAPITRE III.

Renversement des Accords.

Renverser un accord, c'est disposer les notes de cet accord dans un autre ordre que leur ordre théorique.

Il y a le renversement simple et le renversement composé. En d'autres termes : le renversement à une seule partie, le renversement à deux, trois ou quatre parties jouant ou chantant ensemble.

Le renversement simple ou à une seule partie, est une mélodie plus ou moins compliquée ou travaillée selon le but que l'on veut atteindre ou le sentiment que l'on veut exprimer.

Le renversement composé ou à plusieurs parties, est l'art de soutenir, ou d'accompagner un chant ou une mélodie par le concours d'une ou de plusieurs notes dépendantes du même accord. C'est l'harmonie.

Avant d'étudier le renversement composé, on doit s'être familiarisé avec la contexture des accords principaux et faire des renversements simples de ces accords dans tous les tons, et tâcher de les résoudre, c'est-à-dire de les terminer par la note qui appelle un autre ton. Le passage d'un ton dans un autre ton doit être doux et agréable à l'oreille. Exemple en *sol* majeur :

Accord parfait.

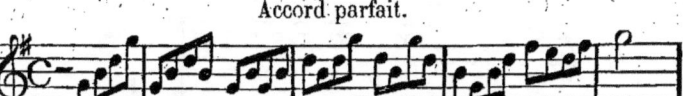

Accord de 7ᵉ dominante résolu en *ré* majeur.

Accord de 7ᵉ diminuée résolu en *si* bémol majeur.

La première règle à suivre pour les renversements composés, est que l'une des notes d'un accord ne soit accompagnée que par une, deux ou trois notes de l'accord dont elle fait partie. Exemple en *ut* majeur.

L'accord parfait du ton de *ut* majeur se compose de *ut* tonique, *mi* tierce, *sol* quinte, *ut* octave.

Il en est de même pour tous les accords.

La seconde règle est d'éviter une marche ascendante ou descendante semblable dans les quatre parties.

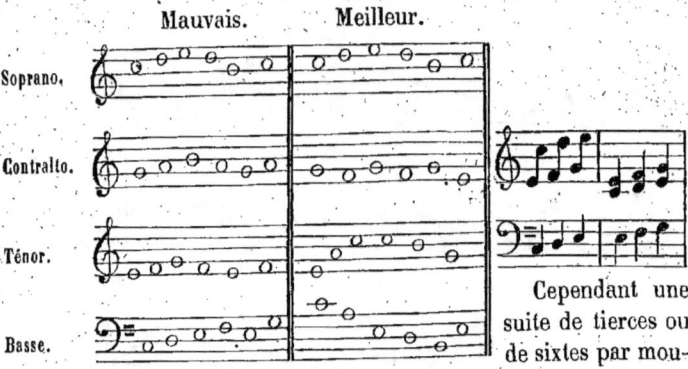

Cependant une suite de tierces ou de sixtes par mouvement semblable, est exempte de faute, pourvu que ça ne dure pas longtemps.

Il vaut toujours mieux opérer le renversement par mouvement contraire, c'est-à-dire faire descendre une partie quand la partie la plus rapprochée monte, et même faire soutenir la tonique, et mieux encore la quinte par l'une des parties. Dans les chœurs, la quinte soutenue avec énergie, c'est-à-dire en renflant le son jusqu'à la *cadence*, produit un grand effet (1).

Exemple en *ut* majeur.

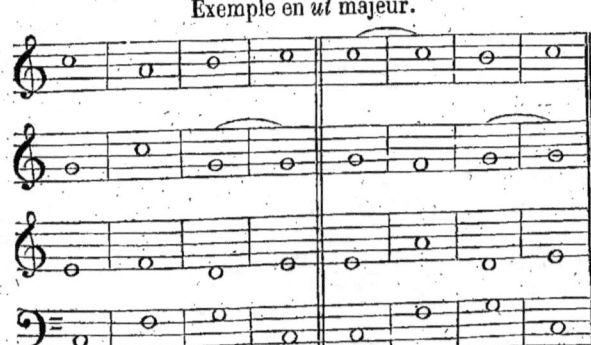

(1) Cadence signifie chute sur l'accord terminal qui est toujours l'accord parfait.

Les auteurs musiciens disent que l'accord n'est pas renversé quand la note fondamentale de cet accord reste à la basse.

Selon eux, le 1er renversement consiste à mettre la tierce à la basse. Le 2e renversement consiste à y mettre la quinte.

C'est le grand nombre de leurs distinctions qui jettent de la confusion dans leurs démonstrations. Parlant à leurs élèves, ils expliquent leurs paroles, et ces élèves savent bientôt à quoi s'en tenir. Mais les amateurs qui lisent leurs ouvrages sont effrayés du nombre de mots dont ils n'ont pas une explication assez nette, et de la multiplicité d'exemples qui ne sont pas toujours à leur place.

La note fondamentale d'un accord est la *tonique* pour l'accord parfait, la *quinte* de la tonique pour l'accord de septième de dominante, la *sensible* de la tonique pour l'accord de septième diminuée.

Les renversements par sixtes sont très-usités et produisent un bon effet. Ils ne sont qu'une tierce supérieure mise à l'octave et que l'on appelle tierce renversée

L'accord de sixte quarte est moins usité. Il doit être précédé et suivi de l'une des deux notes qui forment l'intervalle de quarte juste.

Un accompagnement de basse peut commencer par la tonique ou par la dominante, mais il doit toujours se terminer par la tonique précédée de la dominante.

Exemple donné par M. Fitton.

Je ne voulais rien vous dire des accords de sixte augmentée, de tritons, altérés, etc., car je n'ai d'autre but que de vous expliquer la marche musicale. Cependant les accords de sixte augmentée sont assez usités aujourd'hui. M. l'abbé Giély l'a souvent et heureusement employé dans ses chants religieux. Cet accord n'est autre que l'accord de septième de dominante à son second renversement, c'est-à-dire que la quinte est placée à la basse. Par exemple : *sol, si, ré, fa* forment l'accord de septième de dominante du ton du *ut* majeur; remplacez le *fa* naturel par *mi* dièse, vous avez *mi* ♯, *sol* ♯, *si, ré*, accord de septième diminuée ou de sensible de *fa* ♯ : — Avec la tierce altérée en descendant : *mi* ♯, *sol* ♯, *si, ré*, ce qui devient par cette altération *mi* ♯, *sol, si, ré*.

Vous devez juger par là de l'immense effet que l'on peut produire avec cet accord. Mais il faut tout le talent de M. l'abbé Giély pour s'en tirer avec bonheur. Meyerbeer l'a quelquefois employé dans sa partition de l'Africaine.

Les accords sont divisés en deux catégories : les accords *consonnants*, les accords *dissonnants*. Les accords parfaits sont consonnants, les accords dissonnants ont des intervalles irréguliers. On emploie quelquefois les accords dissonnants pour surprendre l'oreille, mais on se hâte de la rassurer en faisant entendre un accord consonnant. C'est ce qu'on appelle sauver une dissonnance.

CHAPITRE IV.

Des Cadences.

Le mot cadence, en musique, signifie chute sur un accord. Il existe plusieurs sortes de cadences : *Cadence parfaite*, chute sur l'accord de tonique qui termine une mélodie, une symphonie, etc., etc.

Cadence imparfaite, qui n'est qu'un repos sur l'accord de tonique renversé, ou sur l'accord de septième de dominante, ou bien sur l'accord de tonique (parfait) du ton dans lequel l'auteur a conduit sa mélodie, en le renversant.

J'appellerai ces cadences, *suspensives*, car elles ont lieu ordinairement à la fin de la première partie d'une symphonie quelconque, justement appelée reprise, d'après l'usage de la jouer une seconde fois. On renvoie la cadence parfaite à la fin du morceau.

Demi-cadence, suspension sur l'accord de septième de dominante.

Cadence rompue, suspension sur un accord quelconque, autre que celui de tonique ou sur celui de septième de dominante.

Cadence plagale, chute sur l'accord de tonique par un accord, ayant la quarte pour base

CHAPITRE V.

Accompagnement du Chant.

Mais voici qui intéresse vivement un grand nombre d'amateurs, et qui peut être très-utile à Messieurs les Instituteurs. C'est de faire chanter à 2, 3 ou 4 voix, un air dont ils n'ont que la mélodie ou partie principale.

Vous savez, je pense, d'après les démonstrations précédentes, qu'une note fait toujours partie d'un accord et qu'elle ne peut être accompagnée ou soutenue que par une, deux ou trois des notes qui forment avec elle un accord quelconque.

Eh bien, sous le chant, écrivez d'abord la basse et faites votre possible pour mettre de bons intervalles entre la note de basse et la note du chant, car la note du chant prise isolément peut faire partie d'accords différents ; et c'est la note de basse qui déterminera l'accord, et, par suite, indiquera les notes que vous donnerez aux autres parties.

Voici un exemple que j'emprunte au traité d'harmonie de M. Fitton. Il est en *ut* majeur.

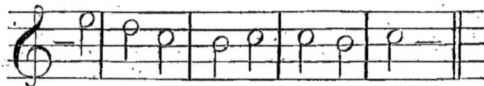

La première note *mi*, peut faire partie de trois accords différents : 1° *ut, mi, sol* ; 2° *la, ut, mi* ; 3° *mi, sol, si*.

Or, la basse qui doit toujours commencer par la *tonique* ou par la *dominante*, ne pourra être que *ut* ou *sol* si vous voulez moduler en *ut* majeur. Elle ne pourrait être que *la*, si vous voulez moduler en *la* naturel ou en *la* bémol. Elle ne pourrait être que *mi*, si vous voulez moduler en *mi* naturel ou en *mi* bémol.

Mais, pour que le chant fût en *la* ou en *mi* naturels majeurs, il faudrait que *ut* fût diésé ; pour qu'il fût en *la* bémol ou en *mi* bémol, il faudrait que le *mi* fût bémolisé. Ces deux notes *ut* et *mi* étant dans leur ton naturel, le chant est en *ut* majeur. Or, votre choix ne peut être douteux : *ut* sera la première note de la basse. Cette première note pourrait être *sol*, dominante de l'accord parfait *ut, mi, sol, ut*.

Mais *sol* jetterait de l'incertitude dans l'oreille ; il ne serait bon qu'autant que la première note du chant serait *ut* au lieu d'être *mi*. Avant tout, il faut annoncer dès la 1re mesure et très-nettement, le ton général du chant.

La seconde note étant *ré*, l'oreille croirait que vous allez dans le ton de *sol* majeur, au lieu de rester dans le ton de *ut* majeur, car l'accord parfait du ton de *sol* majeur, est *sol, si, ré, sol*. Pour rester dans le ton de *ut* majeur, vous devez considérer cette seconde note du chant, *ré*, comme faisant partie de l'accord de 7e dominante de *ut* majeur *sol, si, ré, fa*. Alors *sol*, fondamentale de cet accord accompagne justement *ré*, comme *ut*, fondamentale de *ut, mi, sol, ut*, accompagne harmoniquement la 1re note du chant *mi*.

Le même raisonnement s'applique à toutes les autres notes du chant.

Quand la basse est écrite, vous n'avez encore fait figurer que deux notes de chaque accord; il vous en reste deux à distribuer aux autres parties concertantes. Dans cette distribution, l'oreille et le goût sont les seuls guides à suivre.

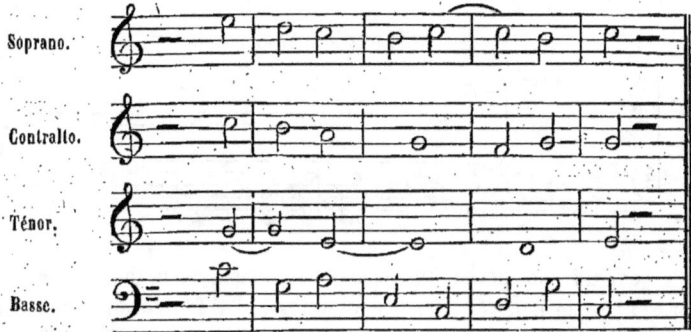

Il m'a été impossible de trouver un exemple plus simple et plus parfait. En quatre mesures, M. Fitton vous donne les principes d'un chant à quatre voix.

Dès la première mesure, l'accord parfait du ton de *ut* majeur, est frappé par les quatre voix.

La mélodie se résout dans le même accord, par une marche différente et régulière.

La basse descend quand le soprano monte, et elle monte quand il descend.

Le contralto fait une tenue sur la dominante quand le soprano fait entendre *si, ut*, et la basse *sol, ut*.

Le ténor soutient ces modulations par les trois tenues : *sol* de la 1re à la 2e mesure ; *mi*, de la 2e à la 3e tout entière ; *ré* pendant toute la 4e.

Enfin, les quatre parties arrivent à l'accord parfait, le soprano, par la sensible *si*.

Le contralto, par la dominante *sol*.

Le ténor par l'intervalle de seconde de *ré* à *mi*, tierce de la tonique *ut*.

La basse, par la dominante *sol*.

On peut varier l'accompagnement du chant en se servant de notes dites de *passage*, parce qu'elles n'ont aucun caractère déterminatif d'accord. Elles sont des *fioritures* que le goût du compositeur jette dans l'une des parties de l'accompagnement.

Exemple sur le même chant.

Tenant à vous donner un exemple en dehors de la théorie pure, et assez simple pour être facilement analysé, j'ai fouillé dans mes souvenirs. Je n'ai rien trouvé de mieux que le *Quatuor* de Lambillotte, intitulé : *Gloire et Bonheur des Saints*. Je l'ai entendu chanter plusieurs fois dans nos cérémonies religieuses ; et chaque fois, entraîné par la simplicité énergique de ses modulations, je n'ai pu m'empêcher de battre les mesures comme un chef d'orchestre, et de chanter à tue-tête le refrain. Et deux cents voix faisaient retentir les voûtes de l'église.

Ce quatuor est en *ut* majeur. Suivons-le dans sa marche harmonique.

Il commence par l'accord parfait ; *ut*, *mi*, *sol*.

Le soprano et le ténor entonnent la dominante *sol*.

Le contralto la soutient par la tierce *mi*.

La basse la soutient par la tonique *ut*.

A la 1re mesure, le soprano seul chante sur l'accord parfait. Les trois autres parties soutiennent le chant en répétant leur note d'accord : *ut, mi, sol*.

A la 2e mesure, les quatre parties font une suspension sur *ut, mi, sol*.

A la 3e, le soprano module sur *ré, si, sol*. Accord de 7e dominante. L'*ut* ♯ et le *ré* ♯ ne sont là que comme notes d'agrément ou sensibles de *ré* et de *mi*. Le contralto suit la même modulation par le *fa* ♯. Mais immédiatement ils reviennent par *ré* et *fa* naturels, à l'accord parfait, sur lequel à la 4e mesure les quatre parties font un repos en faisant prédominer la tonique *ut*.

A la 6e c'est la tierce *mi* qui domine dans le chant. A la 7e l'accord de dominante revient; et aussitôt, prenant *mi* pour tonique, il dièse *fa* et *ré*.

A la 8e, il se hâte de quitter cet accord, et revient encore à l'accord parfait de *ut* majeur.

La 9e mesure présente encore une petite modulation sur l'accord de *sol* majeur par le *fa* ♯ pour ne pas quitter trop brusquement le ton de *mi* majeur qui, sans cette précaution, aurait fatigué l'oreille par son isolement.

A la 10e, il module sur la dominante de *sol* majeur, *ré, fa, la*. Il y persévère pendant la 11e et accuse à la 12e le ton de *sol* par l'accord parfait *sol, si, ré*.

A la 12e, comme *sol* est la dominante de l'accord parfait de *ut* majeur, il rentre dans l'accord de 7e dominante de ce ton : *sol, si, ré, fa*. Il y persévère jusqu'à la 19e mesure, et résout sa modulation, dans l'accord parfait de *ut* majeur, par une marche aussi simple que naturelle.

Le refrain est encore d'une modulation plus simple, l'accord parfait et l'accord de 7e dominante de *ut* majeur en font tous les frais.

Sol dominante de l'accord parfait, et note fondamentale de l'accord de 7e de dominante, lui sert de point de départ pour amener l'énergique progression, *sol-mi; sol-fa; sol-sol*. Il la suspend à la 4ᵉ mesure sur *ré* qui fait partie des accords de 7ᵉ de dominante et de 7ᵉ diminuée de *ut* majeur, et qui est la dominante de l'accord parfait de *sol* majeur. Cette suspension soutenue au contralto par *si* et à la basse par *sol*, produit un effet surprenant sur l'oreille. Va-t-il descendre et résoudre mollement sa modulation? — non. Il reprend vigoureusement sa progression *sol-mi, sol-fa, sol-sol* et la pousse jusqu'au *la*, sixte ou tierce renversée de *ut* majeur.

Cette *tierce* renversée est soutenue au *contralto* par *la* octave inférieure ; au *ténor* par *ut* ; à la *basse* par *fa*. Notes qui forment l'accord de 7ᵉ dominante de *sol* majeur : *ré, fa, la, ut.*

Le soprano quitte cet accord par *fa, mi, ré*, et monte à *sol;* dominante de l'accord parfait de *ut* majeur : *ut, mi, sol.*

Le contralto suit la même marche, et descend par *la, sol, fa,* à *mi* tierce ou médiante du même accord.

Pendant que le soprano et le contralto opèrent ce retour au ton de *ut*, le ténor et la basse se taisent. Mais aussitôt que *sol* et *mi* ont été frappés par le soprano et le contralto, le ténor et la basse s'élancent et font entendre cinq notes successives qui font un contraste énergique avec la tenue du soprano sur *sol, si*, et la tenue du contralto sur *mi, ré*. Enfin, par des routes différentes, les quatre parties font une *cadence* parfaite en *ut* majeur.

M. Lambillotte, me direz-vous, a été inspiré et entraîné par les paroles qu'il voulait mettre en musique, je le veux bien : et son talent musical en est plus grand à mes yeux. Il en est de la musique comme de la poésie ; il faut être inspiré, entraîné par son sujet ; sans cet entraînement, le poète ne fera que de mauvais vers ; le musicien ne fera que de la méchante musique. Cela est si vrai, qu'un poète doit avoir l'oreille sensible à la musique ; et qu'un musicien doit avoir l'esprit impressionnable à la poésie. Pindare, Horace, Jean-Baptiste Rousseau, étaient musiciens ; Beethoven, Mozart, Rossini, Berlioz, eussent été poètes si leur esprit n'avait pas cédé le pas à leur passion pour la musique.

_{Les instituteurs et institutrices primaires et les maîtresses de pension, trouveront des chants d'un grand mérite de composition et d'une suavité parfaite : 1º dans la}

CHAPITRE VI.

Des Signes et des Mots propres à donner l'intelligence ou l'esprit d'un morceau de musique.

Les signes sont de petits traits placés au-dessus ou au-dessous des notes pour indiquer la manière de les exécuter dans l'esprit de l'auteur.

1 Coulez les 4 notes.
2 Détachez les 4 notes.
3 Syncope des deux notes réunies par une liaison.
4 Enflez d'abord la note et diminuez le son.
5 Enflez la note jusqu'à la suivante.
6 Enflez et soutenez le son et laissez-le mourir.
7 Comme l'on voudra.
8 Double bâton de mesure, indiquant qu'il faut recommencer.

Les mots indiquent le mouvement général du morceau. Ils sont d'autant plus absolus, qu'en s'écartant de leur signification, on change,

---

Lyre angélique de M. Nicolas Bousquet, élève du Conservatoire ; chez Perisse frères, rue Saint-Sulpice, 38, à Paris ;
2° Dans la *Lyre des Fêtes chrétiennes* du R. P. Giovanni Duca ; même adresse ;
3° Dans une *Couronne à Marie*, par M. l'abbé Giély.

on dénature complétement le caractère de la composition. En voici la nomenclature :

Largo............	Large, sévèrement.	⎫ Il faut être bien ha-
Lento............	Lent.	⎪ bile pour faire une dif-
Sostenuto........	Soutenu.	⎬ férence entre ces cinq
Larghetto........	Largement.	⎪ mouvements.
Adagio..........	Lentement avec âme.	⎭
Maestoso........	Majestueusement.	⎫ Si vous pouvez.
Affetuoso........	Affectueux.	⎭
Cantabile........	Chanter avec goût. — Il faut du goût partout.	
Tempo di minuetto.	Temps de menuet. Le menuet était autrefois une danse simplement grave.	
Tempo di marcia..	Temps de marche.	
Andante.........	Moins lent que l'*Adagio*.	
Andantino.......	Moins lent que l'*Andante*.	
Moderato........	Mouvement modéré.	
Grazioso........	Gracieusement.	
Allegro..........	Gai, animé.	
Allegretto.......	Ni trop gai ni trop animé.	
Con Brio........	Brillant.	
Scherzando......	En badinant.	
Agitato..........	Agité, opposé à froideur.	
Vivace..........	Vivement.	
Presto..........	Vite.	
Prestissimo......	Très-vite.	

Mots qu'on ajoute aux précédents pour en préciser la signification.

Con espressione....	Avec expression.
Doloroso..........	Avec douleur.
Comodo..........	Commodément.
Non troppo.......	Pas trop.

Brioso	Vif, agile.
Mosso	Animé.
Con moto	Avec mouvement.
Molto	Beaucoup.
Assai	Plus vite.

Nuances dans l'exécution.

Piano	Faible, doux, peu de son.
Pianissimo	Très-doux, à peine entendu.
Dolce	Doux.
Forte	Fort.
Fortissimo	Très-fort.
Mezzo forte	Moitié de force.
Sforzando	En augmentant la force progressivement.
Sforzato	Forcé subitement.
Crescendo	En augmentant la force.
Decrescendo	En diminuant la force.
Diminuendo	Id. id. id.
Smorzando	En éteignant id.
Morèndo	En mourant.
Legato	Lié, sans brusquerie.
Staccato	Détaché.
Ritardando	En retardant le mouvement d'une attaque.
Rallentando	En ralentissant le mouvement général.
Ritenuto	En retenant le son de certaines notes essentielles à l'expression.
Stringendo	En serrant le mouvement, *peu d'archet*.
Accelerando	En accélérant le *id*.
Espressivo	Expressif.
Leggiero	Légèrement.
Con anima	Avec âme.
Con spirito	Avec esprit.
Con gusto	Avec goût.

Con grazio....... Avec grâce.
Con delicatezza... Avec délicatesse.
Con allegrezza..... Avec allégresse.
Con fuoco........ Avec feu.
Con calore....... Avec chaleur.
Calando......... En diminuant de chaleur.
Caldando........ En augmentant la chaleur.
Con forza........ Avec force.
Animato......... Animé.
Ben marcato...... Bien marqué.
Ad libitum....... A volonté.
A piacere........ A plaisir.
Poco a poco...... peu à peu.
A tempo......... Revenir au premier mouvement.
Da capo......... Revenir au commencement du morceau.

TROISIÈME PARTIE.

DE LA VOIX.

De quelques précautions à prendre pour en assurer la conservation et la justesse.

Un homme de 25 ou 30 ans qui n'a pas appris la musique, qui n'a rien entendu de musical, ne peut avoir l'oreille sensible à la justesse des sons ; c'est en vain qu'il essayerait de chanter avec agrément et justesse. A supposer que son oreille fût naturellement douée de cette sensation, ce qui arrive quelquefois, les organes de sa voix sont trop fortement constitués pour que l'étude puisse les assouplir.

Mais un instituteur, ou le professeur de musique dans une maison d'éducation, n'a que des enfants pour élèves ; et avec eux tout est possible. Il ne pourra pas changer la nature de leur voix, sans doute, mais il réussira à leur donner de l'ampleur, de la légèreté et de la justesse, en prenant les précautions recommandées par les plus habiles professeurs, notamment par M. Panseron. Je vais les indiquer avec plusieurs observations qui me sont personnelles.

On peut faire chanter les enfants dès l'âge de six ans révolus, pourvu qu'on les empêche de crier et qu'on ne les force pas à émettre des sons trop élevés.

Aussitôt que la puberté s'annonce, ce qui a lieu pour les filles vers 12 ans, et vers 14 ans pour les garçons, on doit supprimer tout exercice de chant. A cet âge, la voix mue et prend presque toujours un caractère différent de celui qu'elle avait auparavant. Quand la puberté est accomplie, et que le caractère de la voix est bien dessiné, on reprend les exercices, en se renfermant strictement dans les limites de la voix. Ce n'est que peu à peu qu'on doit exercer les enfants à émettre des sons plus élevés ou plus bas que ceux des exercices précédents. La moindre précipitation pourrait altérer ou *casser* la voix et mettre même l'enfant ou l'adolescent dans l'impossibilité de chanter. Ainsi un professeur prudent ne fera donner le *mi* de la 2ᵉ octave, que lorsque le *ré* aura été donné sans effort pendant un mois. Il en sera de même pour toutes les autres notes et toutes les prolations de voix, sans jamais sortir du registre de la voix.

J'ai eu sous les yeux un exemple bien cruel du danger de forcer la nature de sa voix.

Une jeune fille de 17 ans, Henriette Bozonnet, avait une voix de contralto remarquable par son ampleur et sa pureté. Comme elle se destinait à l'enseignement, je l'admis avec empressement et plaisir aux leçons de musique et de chant que je donnais à mes filles ; et je ne lui faisais chanter que des vocalises et des airs dans le registre de sa voix. Mais elle voulut rivaliser, si ce n'est surpasser ma fille cadette douée d'un soprano très-étendu. Elle s'efforça, hors des leçons, d'émettre des notes trop élevées. Quelques légers succès, dont elle tirait vanité, l'enhardirent, et malgré mes remontrances, elle persévéra dans son funeste dessein. Le timbre de sa voix perdit peu à peu son velouté, sa sonorité, son ampleur, et à la fin de l'année, sa belle voix était totalement perdue !

Quant à la justesse de la voix, le premier soin est de ne jamais changer le diapason de l'instrument d'accompagnement.

Un violon, une basse, un alto, un piano, ne conservent leur accord, ne deviennent souples, sonores et même justes qu'autant qu'ils sont constamment accordés sur le même diapason. Si vous changez le diapason, les cordes n'ont plus la même tension, la table d'harmonie n'a plus la même souplesse, les vibrations deviennent dures, incertaines et l'instrument a perdu toute sa valeur.

Il en est de même de la voix ; elle est d'autant plus souple, plus franche, plus sonore et plus juste, que vous lui conservez avec plus de soin le même diapason. C'est son point de départ et pour ainsi dire sa base d'opération pour monter et descendre l'échelle des sons. Plus elle chante sur cette base, plus le chemin qu'elle parcourt lui est facile. Si vous changez cette base, le larynx et la glotte contrariés dans leurs contractions, ne s'épanouissent plus à l'aise et n'émettent que des sons incertains. Le palais qui est leur table d'harmonie ne résonne plus aussi franchement : l'ampleur, la pureté et la justesse de la voix sont perdues pour jamais, à moins qu'on ne se hâte de revenir au diapason adopté par toute l'Europe.

La stabilité du diapason importe à l'oreille tout autant qu'à la voix. Quand le *la* (note du diapason) de l'école est exactement celui du théâtre, de tous les orchestres, de tous les instruments, l'oreille finit par le posséder d'une manière imperturbable ; alors elle y rapporte tous les sons qu'elle entend ; elle peut suivre la marche harmonique d'une symphonie ; elle comprend les sons comme elle comprend les paroles ; et avec un peu d'étude, elle devient musicienne. Variez le diapason, vous détruisez jusqu'au sentiment musical.

Toutes les voix doivent être justes sans doute, mais la justesse est d'une rigueur plus absolue dans les voix de basse, car, dans les morceaux d'ensemble, elles sont la base de l'harmonie. J'ai entendu une fois tout un orchestre jouer faux, parce que la basse, tenue par un maladroit, n'était pas juste. Dans les chœurs d'amateurs, la voix de basse tend presque toujours à monter ; les autres voix suivent et les soprani ne peuvent plus aller.

Les Instituteurs devront donc tenir à ce que les voix de basse filent des sons sur toutes les notes de la gamme, en procédant de la note la plus grave à la note la plus élevée de leur diapason, sans jamais essayer de la dépasser. Ces voix ne doivent pas même, selon l'habile professeur M. Auguste Panseron, étudier ensemble les deux extrémités, elles perdent souvent les sons élevés en cherchant à se donner des sons plus graves ; et plus fréquemment encore, elles perdent des notes graves en s'étudiant à obtenir des sons plus élevés. Ces notes plus graves ou plus élevées arrivent naturellement avec l'âge et par la culture du chant ; le point important est de ne pas aller trop vite.

Solfier — c'est chanter une gamme ou un air en prononçant les notes de cette gamme ou de cet air.

Vocaliser — c'est chanter sur une voyelle pour exercer sa voix.

On doit solfier jusqu'à ce que l'oreille ait retenu le son exactement juste de chaque note, dans tous les tons.

Ce point capital étant obtenu, on peut vocaliser d'abord sur les voyelles simples *a, e, i, o, u*; ensuite sur les voyelles composées *an, au, en, eu, in, on, oi, ou*.

Filer des sons — c'est émettre un son que l'on renfle vers le milieu de sa durée, et que l'on diminue vers la fin, conformément à ce signe ◇.

La durée de ces sons filés doit être progressive. Elle sera d'abord d'environ 4 secondes, ensuite de 6, de 8, etc. sans jamais se hâter d'y arriver.

Quant aux autres nombreuses précautions à prendre pour donner de l'ampleur, de la souplesse, de la légèreté à la voix pour bien phraser et respirer à propos, je m'en réfère aux diverses méthodes de chant.

www.ingramcontent.com/pod-product-compliance
Lightning Source LLC
LaVergne TN
LVHW021702080426
835510LV00011B/1538